3 1994 01270 6567

SANTA ANA PUBLIC LIBRARY

D0382329

Nuestros sentidos

EL GUSTO

Kay Woodward

J SP 612.87 WOO
Woodward, Kay
El gusto

$22.00
CENTRAL   31994012706567

Please visit our web site at: www.garethstevens.com
For a free color catalog describing Gareth Stevens Publishing's
list of high-quality books and multimedia programs, call
1-800-542-2595 (USA) or 1-800-387-3178 (Canada).
Gareth Stevens Publishing's fax: (414) 332-3567.

Library of Congress Cataloging-in-Publication Data

Woodward, Kay.
  [Taste. Spanish]
  El gusto / Kay Woodward.
    p. cm — (Nuestros sentidos)
  Includes index.
  ISBN 0-8368-4413-0 (lib. bdg.)
  1. Taste—Juvenile literature. I. Title.
  QP456.W6618   2005
  612.8'7—dc22   2004056495

This North American edition first published in 2005 by
Gareth Stevens Publishing
A World Almanac Education Group Company
330 West Olive Street, Suite 100
Milwaukee, Wisconsin 53212 USA

This U.S. edition copyright © 2005 by Gareth Stevens, Inc.
Original edition copyright © 2005 by Hodder Wayland.
First published in 2005 as *Taste* by Hodder Wayland, an
imprint of Hodder Children's Books, a division of Hodder
Headline Limited, 338 Euston Road, London NW1 3BH, U.K.

Commissioning Editor: Victoria Brooker
Book Editor: Katie Sergeant
Consultant: Carol Ballard
Picture Research: Katie Sergeant
Book Designer: Jane Hawkins
Cover: Hodder Children's Books

Gareth Stevens Editor: Barbara Kiely Miller
Gareth Stevens Designer: Kami Koenig
Gareth Stevens Translators: Tatiana Acosta and
                            Guillermo Gutiérrez

All rights reserved. No part of this book may be
reproduced, stored in a retrieval system, or transmitted
in any form or by any means, electronic, mechanical,
photocopying, recording, or otherwise, without the prior
written permission of the copyright holder.

Printed in China

1 2 3 4 5 6 7 8 9 09 08 07 06 05

Picture Credits
Corbis: imprint page, 17 (RNT Productions), 10 (Richard
Hutchings), 12 (Owen Franken), 16 (Danny Lehman), 18
(Francine Fleischer), 19, 22 (right) (Royalty-Free), 20
(Richard Cummins); Getty Images: cover (Stone/Cheryl
Maeder), title page, 11 (left) (Photodisc Green/SW
Productions/Royalty-Free), 4 (Stone/Paul Harris), 5
(Stone/Dave Nagel), 8 (Photodisc Green/SW
Productions/Royalty-Free), 9 (Photodisc Green/Buccina
Studios/Royalty-Free), 13 (Stone/James Darell), 14 (Taxi/
Greg Ceo), 15 (FoodPix/John E Kelly); NHPA: 21 (N.A.
Callow); Wayland Picture Library: 7, 11 (right), 22 (left),
23 (both). Artwork on page 6 is by Peter Bull.

Información sobre la autora

Kay Woodward es una experimentada autora de libros
infantiles que ha escrito más de veinte obras de ficción
y no ficción.

Información sobre la consultora

Carol Ballard es una coordinadora de escuela
elemental especializada en ciencias. Ha escrito
muchos libros infantiles y asesora a varias editoriales.

CONTENIDO

Las palabras en **negrita** aparecen en el glosario.

¡CUÁNTOS SABORES!

En el mundo hay toda clase de comidas y bebidas deliciosas de las que podemos disfrutar. Nuestro **sentido** del **gusto** nos dice qué comidas y bebidas nos resultan agradables. A veces, nuestro sentido del gusto nos ayuda a reconocer si un alimento se puede comer.

¿Qué frutas y verduras te gustan?

¡A este niño le gusta saborear el helado!

Usamos la lengua para saborear.
Para saborear algo podemos pasarle
la lengua o metérnoslo en la boca.

5

CÓMO FUNCIONA TU LENGUA

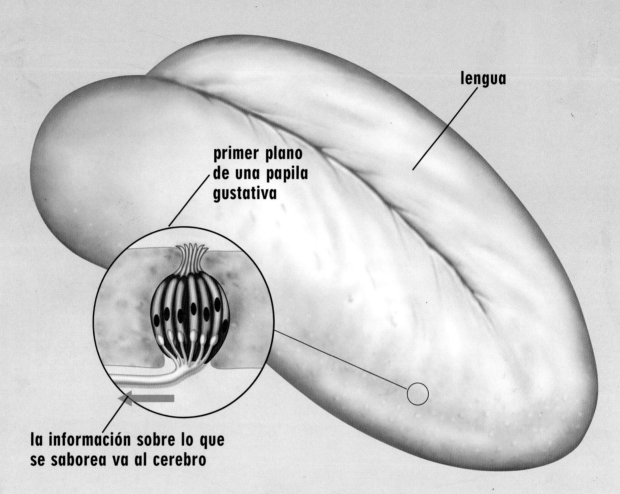

lengua

primer plano
de una papila
gustativa

la información sobre lo que
se saborea va al cerebro

En tu lengua hay miles
de papilas gustativas.

Tu lengua está cubierta de muchos bultitos diminutos llamados **papilas gustativas**. Cuando tu lengua toca la comida, las papilas gustativas envían información sobre lo que están saboreando al cerebro. Esta información, junto con el olor de la comida, le permite a tu cerebro saber de qué alimento se trata y si es algo que te gusta.

Tu boca produce un líquido llamado **saliva**. Cuando saboreas una comida muy seca, tu boca produce más saliva. Esta saliva adicional hace que sea más fácil saborear y comer los alimentos secos.

La saliva te ayuda a tragar alimentos secos como las galletas.

EL SABOR

Cuando saboreamos una comida sentimos su **sabor**. Distintos tipos de alimentos tienen sabores diferentes. Las fresas, los limones, la pizza y el pescado tienen un sabor distinto al de otras comidas.

Hay miles de sabores diferentes. Podemos hacer platos sabrosos mezclando alimentos con distintos sabores.

DULCE, SALADO, ÁCIDO Y AMARGO

Las papilas gustativas de tu lengua pueden percibir cuatro sabores principales — dulce, salado, ácido y amargo.

El chocolate tiene un sabor dulce, pero los limones son ácidos.

La miel y el chocolate tienen un sabor dulce. Los cacahuetes y las papas fritas tienen un sabor salado. Los limones y el yogur son ejemplos de sabores ácidos. El rábano y el brócoli tienen un sabor amargo.

EL GUSTO Y EL OLFATO

Nuestros sentidos del gusto y del olfato están relacionados. Si te gusta el olor de una comida o una bebida, es probable que también te guste su sabor.

Cuando estás con catarro y tienes la nariz congestionada, es posible que te cueste oler y saborear la comida. Además, a medida que se envejece, los sentidos del olfato y del gusto se suelen debilitar.

COMIDAS CALIENTES Y FRÍAS

Algunas cosas saben mejor cuando están calientes. A mucha gente le gusta beber chocolate, café, té y sopa bien calientes cuando hace frío. Este tipo de bebidas o comidas nos ayuda a entrar en calor.

Algunas cosas saben mejor cuando están frescas o frías. Una bebida helada o una ensalada fresca son perfectas para un día caluroso. Algunas cosas saben bien tanto calientes como frías.

SABORES DEL MUNDO

Distintos alimentos y sabores son populares en diferentes países del mundo. En Italia, a mucha gente le gusta la pasta y las pizzas. En México, es común tomar comidas picantes.

¡Puedes probar comidas de
todo el mundo en tu propia casa!

Hoy en día, cada vez más personas viajan a distintas
partes del mundo. Cuando van al **extranjero**, a muchos
les agrada probar comidas nuevas con sabores distintos
a los que están acostumbrados. Una vez en casa,
pueden aprender a cocinar esos platos o comerlos
en restaurantes.

LOS ANIMALES Y EL GUSTO

Muchos animales pueden percibir distintos sabores. Los perros pueden sentir los sabores dulces, pero no les hace bien comer algunos alimentos dulces como el chocolate. Los gatos no pueden percibir el sabor dulce en absoluto.

Algunos animales marinos no perciben los sabores con la lengua. Los bagres tienen papilas gustativas en la piel y en unos bigotes especiales. Los pulpos saborean la comida con las puntas de sus ocho **tentáculos**.

LOS INSECTOS Y EL GUSTO

Al igual que las personas, muchos insectos pueden saborear la comida en la boca, pero otros insectos perciben los sabores con otras partes del cuerpo. Las moscardas de la carne y las mariposas sienten los sabores con las patas.

Las abejas saborean la comida con la punta de sus **antenas**. Las abejas pueden averiguar a qué saben las cosas antes de comérselas.

¿TE AGRADA
EL SABOR?

1. Averigua si te agradan los mismos sabores que les gustan a tus familiares y a tus amigos. Pídele a un adulto que te ayude a reunir diferentes tipos de bebidas y comidas dulces, saladas, ácidas y amargas. Por ejemplo:

Dulces	Saladas
bananas	aceitunas
caramelos	cacahuetes
refrescos	papas fritas

Ácidas	Amargas
toronjas	brócoli
limones	rábanos
yogures	água tónica

2. Pídeles a algunos amigos y familiares que huelan cada comida y cada bebida. ¿Les agradaron los olores?

3. Ahora, diles que las saboreen. ¿Les agradaron los sabores?

Es posible que descubras que cuando a alguien le agradó el olor de una comida, también le gustó su sabor. Esto se debe a que los sentidos del gusto y del olfato están conectados.

Ahora pregúntale a cada persona qué sabores fueron sus favoritos. ¿Le gustó a todo el mundo lo mismo? ¿Qué sabores les gustaron a más personas? ¿Hubo sabores que no agradaron?

GLOSARIO

antenas: órganos delgados y largos que salen de la cabeza de un insecto

extranjero: que está fuera del país propio o que proviene de otro país

gusto: sentido que se usa para percibir e identificar el sabor de las comidas y las bebidas

papilas gustativas: bultitos diminutos en la lengua que perciben el sabor de las sustancias y envían mensajes al cerebro para que las identifique

sabor: mezcla de las sensaciones del gusto y el olfato por la presencia de una sustancia en la boca; propiedad de ser percibido como dulce, salado, ácido o amargo por el sentido del gusto

saborear: determinar el sabor de una comida o bebida

saliva: líquido que produce la boca para ayudarnos a comer

sentido: facultad natural para recibir e identificar información mediante uno o más de los órganos receptores del cuerpo, como los oídos, los ojos, la nariz, la lengua y la piel. Los cinco sentidos son: oído, vista, olfato, gusto y tacto.

tentáculos: brazos largos y flexibles que tienen algunos animales marinos y que les sirven para agarrar las cosas y, en ciertos casos, para percibir los sabores

ÍNDICE